PETIT MUSÉE MYTHOLOGIQUE

OUVRAGES DE M. LÉVI ALVARÈS PÈRE

RUE DE LILLE 17-19

HISTOIRE

Nouveaux éléments d'Histoire générale, rédigés sur un plan méthodique et entièrement neuf, ouvrage propre à faciliter l'enseignement et l'étude des principaux évènements depuis la Création jusqu'à nos jours. 1 vol. . 4 50

Esquisses historiques, ou Cours méthodique d'histoire, composé sur un plan nouveau. 1 vol. in-18. . . . . 2 50

Manuel historique des peuples anciens et modernes, à l'usage de l'enseignement primaire, élémentaire et secondaire. 1 vol. in-18. 1 »

Tableau synoptique de l'échelle des peuples, d'une grande dimension, très-utile pour les leçons d'histoire d'après le MANUEL HISTORIQUE. 1 50

Recueil de tableaux HISTORIQUES, GRAMMATICAUX, GÉOGRAPHIQUES, MYTHOLOGIQUES; 17 tableaux (Chaque tableau 40 c.). . 5 »

Abrégé méthodique de l'histoire de France, rédigé d'après les leçons et la méthode de M. Lévi, par Melle Gombault; nouvelle édition, revue et considérablement augmentée, par M. Lévi 4 50

Histoire classique des reines de France, édition illustrée des figures en pied des principales reines. . . . . 3 »

Enigmes historiques, ou Petit Musée Classique 1 50

Histoire universelle. Explication des Enigmes historiques, par Melle Gombault. . . 3 50

Chroniqueurs français. Ville-Hardouin, Joinville, Froissart, Christine de Pisan. 3 50

Généalogies de France. 1 50

Chronologies européennes 1 50

Histoires racontées à la jeunesse, le vol 2 »

Nouvelles Ephémérides classiques. (Sous-presse) Un gros vol.

GÉOGRAPHIE

Nouvel atlas complet de géographie ancienne et moderne, 23 cartes. . . . . 9 »

Questionnaire sur toutes les parties des études géographiques . . . . » 75

Études géographiques pour servir de développement aux géographies élémentaires. 1 vol. in-18. . . . . 3 50

La Géographie racontée à la Jeunesse. Un vol. in-18. . . . . 3 50

Tableau géographique de la France, fesant partie des ÉTUDES GÉOGRAPHIQUES. Une grande feuille . . . . » 75

Tour du monde, ou Premières études géographiques, par voyages 1 50

LITTÉRATURE

Esquisses littéraires, ou Précis méthodique des littératures européennes et orientales. 4 50

Littérature française. 1 50

Leçons primaires de littérature et de morale, in-12. . . . . 2 50

Nouvelle Mnémosyne classique. 1 vol. in-18. . . . . 2 50

LANGUE FRANÇAISE

Le Nomenclateur orthographique, premiers exercices d'orthographe. . . . . 2 »

Les omnibus du langage. 9e édition, corrigée et augmentée. 1 vol. in-18. . . . . . 2 »

Dictées normales des Examens. . 2 »

Questionnaire grammatical et littéraire. 2 50

Dictionnaire étymologique 2 50

Grammaire normale. 1 75

PHYSIQUE, HISTOIRE NATURELLE

Les Pourquoi et les Parce que, ou la Physique popularisée. 1 vol. in-18, avec fig. 2 50

Cosmographie racontée à l'enfance. » 75

Grands tableaux d'Histoire naturelle (3 tableaux, 6 grandes feuilles). Chacun. 5 »

Abrégé méthodique des sciences exactes et naturelles 2 50

OUVRAGES DIVERS

Atlas universel des sciences et des arts, par MM. Lévi Alvarès et Henri Duval. Cartonné et colorié. 50 cartes. . . . . 30 »
Chaque carte coloriée à part . . . . . » 60

Notions générales sur les Sciences et les Arts, pour servir de complément aux études secondaires et supérieures des jeunes personnes. 3 50

Anacharsis de Barthélemy, en un vol. 2 50

Les poëtes italiens (Dante, Pétrarque, l'Arioste et le Tasse). 2 50

Questionnaire sur toutes les parties des études élémentaires. . . . . 1 »

Modèles d'écriture, par Soref. . . . 1 »

La Mère institutrice, collection de dix-huit années, le vol. . . . . 10 »

Plaisir et Travail, Journal mensuel d'éducation, par an . . . . 10 »

Bulletin spécial de l'Institutrice, Journal mensuel, par an . . . . 6 »

OUVRAGES DE M. THÉODORE LÉVI ALVARÈS

Le Nouveau mémorial littéraire expliqué, ou Recueil de fables, de fragments littéraires en vers et en prose, de poésies traitant les principaux Episodes de l'Histoire Sainte, accompagnés d'exercices intellectuels, de questions de sujets de style, d'explications. . 1 50

Les premières notions sur toutes choses, ou sujets de causeries avec les enfants sur l'histoire naturelle, l'industrie, la cosmographie, la physique. 1 50

Les Entretiens de l'enfance, ou simples réponses aux questions des petits enfants sur les animaux, les plantes, les arts et métiers. » 50

Les premières leçons de Grammaire renfermant la théorie grammaticale mise à la portée des enfants. . . . . 1 »

Les Dictées quotidiennes. . . . . 1 »

Premières leçons de Géographie. . » 50

Le Petit Musée mythologique. . . » 50

VERSAILLES. — IMPRIMERIE CERF, 59, RUE DU PLESSIS.

PETIT

MUSÉE MYTHOLOGIQUE

OU

FABLES ET MÉTAMORPHOSES

DE LA MYTHOLOGIE GRECQUE ET ROMAINE

PRÉSENTÉES EN TABLEAUX

Suivi de la description
des principales statues représentant des sujets mythologiques qui ornent
les jardins des Tuileries et de Versailles

AVEC UNE TABLE INDICATIVE

PAR

THÉODORE LÉVI ALVARÈS

Directeur des Cours d'Éducation maternelle, Professeur de littérature et d'histoire, membre de la Société de géographie, etc.

DEUXIÈME PARTIE

Notions mythologiques. — Explication des Tableaux

PARIS

BORRANI, LIBRAIRE-ÉDITEUR

Rue des Saints-Pères, 9

19, rue de Lille, | 7, cité Trévise.

NOTIONS PRÉLIMINAIRES

Le sentiment religieux que Dieu avait placé dans le cœur des hommes ne conserva pas toujours sa pureté première. Il s'altéra peu à peu et la connaissance d'un Dieu unique, créateur du monde, ne resta intacte que chez les Juifs. Les autres nations de l'antiquité adorèrent les *faux dieux.*

La jeune imagination des peuples primitifs, vivement impressionnée par les merveilles de la nature, par les actions extraordinaires de quelques *héros,* couvrit le monde de divinités et donna naissance aux *fables* ou croyances erronées qui sont les éléments des religions anciennes.

Tout fut Dieu, comme dit Bossuet, excepté Dieu lui-même. Les *choses* deviennent la représentation d'une idée abstraite : le lion, c'est la force; le serpent, c'est la prudence; la tortue, c'est la lenteur; le lis, c'est l'innocence (1). Les *hommes*, perdant leur individualité, résument en eux soit une idée, soit tout un ensemble de faits, soit plusieurs personnages autrefois distincts (2). Ils sont alors déifiés (3) : Hercule représente la force et les premières excursions lointaines. Les *idées*, les sentiments, les passions prennent un corps, une figure (4) : la Vérité, la Force, l'Innocence sont personnifiées. Ainsi en pénétrant ces fables ingénieuses, en interrogeant ces fictions charmantes, qui sont comme le langage poétique des premiers hommes, on peut rencontrer des vérités utiles à l'étude qui suit, à travers les âges, les développements successifs de l'humanité.

(1) C'est ce qu'on nomme un emblème. Un emblème est une chose réelle qui représente une idée, un sentiment. Le lion est l'emblème de la force.

(2) C'est ce qu'on nomme un symbole. Un symbole est un personnage réel ou fabuleux, qui représente soit un ensemble de faits ou de personnages, soit une idée.

(3) On appelle *apothéose* l'action par laquelle on fait d'un homme un dieu.

(4) C'est ce qu'on nomme une allégorie. L'allégorie est un personnage fictif ou un ensemble de personnages fictifs représentant une idée abstraite.

La mythologie est l'ensemble des fables qui formaient le base des religions de l'antiquité et l'histoire des dieux auxquels les peuples idolâtres rendaient un culte. *Mytho* veut dire fable et *logie* discours.

Les dieux de la mythologie grecque et romaine peuvent se diviser en plusieurs classes : 1° Les *dieux supérieurs*, qui étaient au nombre de vingt-deux, dont les douze premiers composaient la cour des dieux ; 2° les *dieux inférieurs ;* 3° les *demi-dieux,* qui étaient des hommes nés d'un dieu et d'une mortelle, ou d'un mortel et d'une déesse, ou simplement des hommes divinisés à cause de leurs actions éclatantes.

1° DIEUX SUPÉRIEURS.

COUR DES DIEUX.

1. *Cybèle* ou *Rhéa*, fille d'Uranus, femme de Saturne. On la représente sous la forme d'une femme, dont la robe est parsemée de fleurs, assise sur un char traîné par des lions. Sur sa tête est une couronne de chêne. Elle tient à la main une clé pour désigner les trésors que la terre renferme

dans son sein. Les Phrygiens avaient institué en son honneur des jeux publics appelés Mégalésiens; les esclaves n'osaient y paraître, sous peine de mort.

2. *Junon*, fille de Saturne et femme de Jupiter. Elle est représentée sur un trône, avec un diadème sur la tête, un sceptre d'or à la main, un paon à ses pieds. Quelquefois, près d'elle, est une jeune fille avec des ailes d'or; c'est *Iris*, sa messagère, fille de l'Océanide Electra. Iris, représente l'arc-en-ciel.

Son principal temple était à Argos (Argolide); elle avait d'autres temples à Samos (île de la mer Egée), à Carthage (nord de l'Afrique), à Rome (Italie).

3. *Cérès*, fille de Saturne, déesse des blés et des moissons. Elle est représentée couronnée d'épis, tenant d'une main une torche allumée et de l'autre un pavot; quelquefois elle tient une faucille et une gerbe. Ses fêtes se célébraient avec des mystères redoutables à Eleusis. On célébrait aussi en son honneur d'autres fêtes appelées *Thesmophories*.

4. *Minerve* ou *Pallas*, déesse de la sagesse, fille de Jupiter et de Métis. On la représente sous la figure d'une femme vêtue d'une longue tunique,

tenant une pique de la main droite et un bouclier de la gauche. Sur sa poitrine est une espèce de cuirasse où est sculptée la tête de Méduse : c'est l'*Égide*. Son casque est quelquefois surmonté d'une chouette ou d'un hibou.

5. *Vénus*, déesse de la beauté et de l'amour; fille du Ciel et de la Mer. On la représente sous la forme d'une femme parfaitement belle. Quelquefois elle est assise dans un char traîné par des colombes ou des cygnes, et couronnée de roses ou de myrtes. Le myrte était son arbre favori. Ses temples principaux étaient : ceux de Paphos, d'Amathonte et d'Idalie (île de Chypre); ceux de Gnide (Carie); de Cythère (île au sud du Péloponèse), et du mont Eryx (Sicile). Son fils est Cupidon; ses compagnes sont les Grâces.

6. *Diane*, qu'on appelait *Phébé* ou *Lune* dans le ciel, *Hécate* ou *Proserpine* dans les Enfers, déesse de la chasse, fille de Latone et de Jupiter, sœur d'Apollon. On la représentait armée d'un carquois et d'un arc, et suivie d'une meute de chiens; sur son front un croissant; près d'elle une biche, animal qui lui était consacré.

7. *Jupiter*, fils de Saturne et de Cybèle. On le représentait sous la forme d'un homme à l'air

majestueux, nu jusqu'à la ceinture et le reste du corps couvert d'un long manteau. D'une main il tient la foudre et de l'autre le sceptre. A ses pieds est un aigle. On lui sacrifiait des chèvres, des brebis, des génisses blanches. Ses principaux temples étaient : à Dodone (Epire), à Ammon (Lybie), à Olympie (Élide), au Capitole (Rome). Le chêne lui était consacré.

8. *Neptune,* dieu de la mer, fils de Saturne et de Cybèle. On le représente sous la forme d'un vieillard assis dans un char formé d'une vaste coquille, traîné par des chevaux marins à deux pieds appelés hippocampes. Il tient à la main un trident ou sceptre à trois pointes. Les Grecs célébraient en son honneur les jeux Isthmiques, qui avaient lieu dans l'isthme de Corinthe. Chez les Romains, ses fêtes s'appelaient Consuales, parce qu'on confondait le dieu Consus avec Neptune.

9. *Vulcain,* fils de Jupiter et de Junon ; dieu du feu. On le représente tenant d'une main un marteau et de l'autre une foudre. Il avait Vénus pour femme. On célébrait en son honneur des courses qu'on appelait Lampadophories, dans lesquelles les coureurs se passaient de main en main un flambeau.

10. *Mars*, dieu de la guerre, fils de Jupiter et de Junon. On le représente sous la figure d'un homme à la figure farouche. Il tient d'une main une lance et de l'autre un bouclier. Un coq est à ses pieds. Son culte était en vénération à Rome. On lui sacrifiait des loups.

11. *Apollon*, dieu de la lumière et de la poésie, fils de Jupiter et de Latone. On le représente, tantôt sur un char brillant attelé de quatre chevaux, tantôt sous la forme d'un jeune homme d'une grande beauté, une lyre à la main et le front ceint d'une couronne de lauriers.

12. *Mercure*, fils de Jupiter et de Maïa; messager des dieux, dieu de l'éloquence, du commerce et des voleurs. On le représente sous la forme d'un jeune homme vêtu d'un petit manteau, des ailes à ses talons, à son bonnet, qu'on nommait *pétase*, et à son *caducée*, qui était une baguette entrelacée de serpents, et qu'il tient de la main droite; de la main gauche il présente une bourse. A ses pieds est un coq ou une tortue. Quelquefois une chaîne d'or lui sort de la bouche pour marquer que l'éloquence enchaîne les esprits et les cœurs.

LES AUTRES DIEUX SUPÉRIEURS SONT :

13. *Uranus*, fils de la Terre, est la personnification du *Ciel*.

14. *Saturne*, fils d'Uranus et de Titéa, ou la Terre, est le dieu du temps. On le représente sous la forme d'un vieillard à la figure triste; il a des ailes et tient d'une main une faux, de l'autre une horloge. Chez les Romains, ses fêtes s'appelaient Saturnales.

15. *Pluton*, dieu des Enfers, fils de Saturne et de Cybèle. On le représente sous la forme d'un homme pâle, aux regards menaçants. Dans sa main droite est un sceptre, dans sa main gauche une clé. Il porte une couronne d'ébène. On lui sacrifiait des victimes noires. Les cyprès et le narcisse lui étaient consacrés.

16. *Bacchus*, dieu du vin, fils de Jupiter et de Sémélé. On le représente sous la forme d'un jeune homme sans barbe, vêtu d'une peau de léopard, couronné de lierre et de pampre, tenant d'une main un thyrse (V. p. 46), et de l'autre des raisins ou une lampe. On le voit quelquefois dans un char traîné par des tigres et des lions. On lui immolait la pie et le bouc.

17. *Janus,* roi du Latium, qui associa à son empire Saturne, chassé du ciel. Pour l'en récompenser, Saturne lui donna la sagesse et le pouvoir de connaître le passé, le présent et l'avenir. On représente Janus comme un jeune homme qui a deux visages ; il tient de la main droite une clé et de la gauche un bâton, car il est regardé comme inventeur des portes et comme présidant aux chemins. Il avait à Rome un temple élevé par Numa ; il était fermé dans les temps de paix et ouvert en temps de guerre.

18. *Les Muses,* filles de Jupiter et de Mnémosyne ; elles présidaient aux arts, aux lettres, aux sciences. Elles étaient au nombre de *neuf* : *Clio* (gloire) présidait à l'histoire ; on la représente couronnée de lauriers, tenant dans la main droite une trompette et de l'autre un livre ouvert.

Thalie (fleurir) présidait à la comédie. On la représente sous la figure d'une femme au regard moqueur ; elle tient un masque à la main.

Melpomène (charité) présidait à la tragédie. Sa physionomie est grave ; elle tient d'une main un poignard et de l'autre un sceptre ou des couronnes ; elle est chaussée du cothurne.

Euterpe (agréable) présidait à la musique. On

la représente couronnée de fleurs ; elle tient une flûte à la main.

Terpsichore (divertissante) présidait à la danse. Son air est enjoué, sa taille est gracieuse; elle tient une lyre.

Erato (aimante) présidait à la poésie lyrique. On la représente couronnée de roses, tenant un luth de la main gauche.

Polymnie (beaucoup de mémoire) présidait à l'ode et à l'éloquence. Elle était couronnée de perles; de la main gauche, elle fait un geste expressif qui semble accompagner sa parole; de la main droite elle tient un sceptre.

Uranie (céleste) préside à l'astronomie. Elle est coùronnée d'étoiles; elle tient d'une main le globe du monde et de l'autre un compas.

Calliope (belle) préside à la poésie épique. On la représente couronnée de laurier, tenant dans la main gauche les trois meilleurs poèmes épiques : *l'Iliade, l'Odyssée* et *l'Enéïde.*

19. *Destin,* tient dans ses mains le sort des dieux et des hommes; il est fils du Chaos et de la Nuit. On le représente sous la figure d'un vieillard aveugle; sur son front est une couronne surmontée d'étoiles; dans sa main est un sceptre de fer;

près de lui est l'urne qui renferme le sort des humains.

20. *Thémis*, fille du Ciel et de la Terre. On la représente sous la forme d'une femme qui porte un bandeau sur les yeux ; elle tient d'une main un glaive, de l'autre une balance.

21. *L'Aurore* préside à la naissance du jour. On la représente couverte d'un voile et assise dans un char vermeil traîné par quatre chevaux blancs. Elle ouvre avec ses doigts de rose les portes de l'Orient.

22. *Vesta*, déesse du feu, fille de Saturne et de Cybèle. Elle est vêtue d'une longue robe et le front voilé ; elle tient de la main droite une lampe ou un flambeau. Ses prêtresses étaient les Vestales.

2° DIEUX INFÉRIEURS.

Parmi les dieux inférieurs, nous citerons :

1. *Pan*, dieu des campagnes et des bergers. On le représente avec des pieds de bouc, des cornes de bouc et une longue paire d'oreilles velues.

2. *Faune* protégeait l'agriculture. On le représentait à peu près comme le dieu Pan.

3. *Satyres* surveillaient les bois. Ils avaient des pieds de chèvres.

4. *Silène*, divinité champêtre. On le représente sous la forme d'un homme petit, gras, chauve; il est couronné de lierre. Il avait un temple à Elis (Elide).

5. *Flore*, déesse des fleurs, femme de Zéphyre. On la représente couronnée de fleurs; elle tient une corne d'abondance.

6. *Palès*, déesse des pâturages et des bergeries. Elle porte une simple couronne de laurier et de romarin. Ses fêtes se nommaient les Palilées.

7. *Pomone*, déesse des fruits. Elle épousa Vertumne, divinité qui présidait aux légumes, aux fruits de l'automne.

8. *Nymphes*, filles de Jupiter; elles habitaient la terre et séjournaient dans les forêts (*Hamadryades*), dans les arbres (*Dryades*), dans les vallées et les bois (*Napées*), près des fontaines (*Naïades*), sur les montagnes (*Oréades*).

9. *Aristée*, fils d'Apollon et de Cyrène; regardé comme le protecteur des troupeaux et de la culture; il enseigna aux hommes à élever les abeilles.

10. *Terme* était le gardien des propriétés, le protecteur des limites des champs. D'abord ce

dieu ne fut représenté que par un bloc de pierre; plus tard on le représenta sous la forme d'un pilier à tête d'homme. Ses fêtes s'appelaient Terminales.

11. *Priape*, dieu de la fécondité des champs et de la prospérité des troupeaux. Il est représenté sous la forme d'un Terme, le plus souvent peint en rouge, portant des fruits et tenant, soit une serpette, soit une baguette ou une massue. On l'adorait surtout à Lampsaque.

12. *Océan*, fils du Ciel et de la Terre; épousa Téthys, déesse des eaux. On le représente sous la figure d'un vieillard assis sur les ondes; il tient une pique à la main.

13. *Nérée*, un des dieux de la mer; il habitait le fond de la mer Egée. Son corps est couvert d'algues ou plantes marines. Les filles de Nérée se nommaient les *Néréïdes*.

14. *Aréthuse*, une des Néréïdes. Poursuivie par le dieu Alphée, les dieux la transportèrent dans un vallon de la Sicile et la changèrent en une fontaine. Alphée, demeuré en Elide, fut métamorphosé en fleuve. On sait que le fleuve Alphée traversait la mer sans se mêler à ses flots, et venait s'unir aux eaux d'Aréthuse.

15. *Protée,* dieu marin, fils de l'Océan et de Téthys, pasteur des troupeaux de Neptune. Il connaissait l'avenir.

16. *Eole,* dieu des vents, habitait les îles Eoliennes. Il est représenté tenant un sceptre. Autour de lui se tiennent les quatre vents principaux : Borée, Auster, Eurus, Zéphyre.

18. *Pénates*, dieux domestiques, qu'on plaçait dans la partie la plus secrète de l'appartement. Ce nom vient de *penus,* qui signifie lieu intérieur ou caché.

19. *Hymen,* dieu du mariage, fils d'Apollon et de Calliope. On le représente sous la figure d'un jeune homme couronné de roses et tenant un flambeau de la main droite.

20. *Mânes.* Les Romains donnaient ce nom aux âmes séparées des corps. On les regardait comme des divinités protectrices.

21. *Plutus,* dieu des richesses. On le représente sous la figure d'un vieillard aveugle, tenant une bourse à la main. Il arrive à pas lents et en boîtant et s'en retourne avec des ailes.

22. *Comus,* dieu des festins et de la joie. On le représente sous la figure d'un jeune homme couronné de roses.

23. *La Fortune* était représentée avec un bandeau sur les yeux et une corne d'abondance à la main; un de ses pieds repose sur une roue qui tourne rapidement.

24. *La Vengeance* ou *Némésis* était représentée avec des ailes; elle tenait une lance à la main.

25. *La Liberté*, fille de Jupiter et de Junon, était représentée sous la figure d'une femme coiffée d'un bonnet phrygien; près d'elle était un joug rompu.

26. *La Renommée* avait cent yeux et cent bouches; elle plane dans les airs, une trompette à la main.

27. *La Nuit*, fille du Chaos et mère du Destin. On la représentait portée sur un char à deux chevaux et vêtue d'un voile noir semé d'étoiles; on voyait sa statue à Ephèse; on lui sacrifiait des brebis noires et des coqs. Le hibou lui était consacré.

28. *Le Sommeil*, fils de la Nuit, frère de la Mort, père des Songes. Il a pour ministre Morphée.

3° LES HÉROS.

Parmi les héros, nous citerons :

1. *Prométhée* (signifie *prévoyant*), fils de Japet et de Climène, et frère d'Atlas et d'Epiméthée.

2. *Atlas*, fils de Japet et de Climène et frère de Prométhée.

3. *Hercule*, fils de Jupiter et d'Alcmène.

4. *Persée*, fils de Jupiter et de Danaé, fille d'Acrisius, roi d'Argos.

5. *Jason*, fils d'Eson, roi d'Iolcos, et de Polymède.

6. *Castor* et *Pollux*, appelés *Dioscures*, c'est-à-dire *fils de Jupiter*, parce que la fable leur donne pour père le maître des dieux. On les regarde souvent comme fils de Tyndare et de Léda, et frères d'Hélène et de Clytemnestre.

7. *Esculape*, fils d'Apollon et de Coronis.

8. *Orphée*, fils d'Apollon et de la muse Calliope. On en fait aussi un roi de Thrace, fils de Clio et père de Musée.

9. *Cadmus*, fils d'Agénor et de Téléphassa ou d'Antiope.

10. *Amphion*, roi d'Orchomène, fils d'Iasus.

11. *Thésée*, roi d'Athènes, fils d'Egée et d'Ethra, fille de Pitthée, roi de Trézène.

12. *Bellérophon*, fils de Glaucus et d'Eurymède. Ce nom de Bellérophon veut dire meurtrier de Belleros, parce que le héros tua un Corinthien de ce nom; il s'appelait avant Hipponoüs, ou, selon d'autres, Léophontès.

13. *Œdipe*, fils de Laïus, roi de Thèbes, et de Jocaste.

PETIT

MUSÉE MYTHOLOGIQUE

EXPLICATION DES TABLEAUX

1

Le Destin est fils du Chaos et de la Nuit. Son pouvoir s'étendait sur les dieux eux-mêmes. Il avait près de lui l'urne qui contenait le sort des mortels. Il était inflexible et ses arrêts étaient irrévocables, aussi le représentait-on aveugle et sourd. On place souvent près de lui les trois Parques, filles de Thémis. Celle qui attend les ordres du vieillard est Atropos; Lachésis tient les tables d'airain; Clotho a dans les mains un fuseau.

2

Prométhée, fils du Titan Japet, ayant formé l'homme du limon de la terre, va au ciel ravir le feu céleste, et l'enferme dans une tige d'arbre, dont la moëlle se consume lentement. Il en anime sa statue. C'est ainsi que la fable raconte la création de l'homme.

3

Jupiter, pour punir Prométhée d'avoir ravi le feu du ciel, le fit clouer sur le mont Caucase, et mit près de lui un vautour qui lui déchirait le foie sans cesse renaissant. Ce supplice devait durer trente mille ans. Mais au bout de trente ans, Jupiter permit à Hercule de délivrer Prométhée, en tuant le vautour.

4

Jupiter, jaloux de Prométhée, ordonne à Vulcain de former une jeune femme parfaitement belle. On l'envoie à Prométhée avec une boîte renfermant tous les maux qui devaient se répandre sur la terre. Prométhée (qui veut dire prudence), se doutant de quelque ruse, la refuse. Mais son frère Epiméthée (ce qui veut dire imprudence), la reçoit et ouvre la boîte fatale. Tous les maux se répandirent aussitôt. Quand il la referma, il ne resta au fond que l'espérance.

5

Ces quatre tableaux représentent les quatre Ages du monde :

Le 1er l'Age d'or. Les hommes jouissent d'un bonheur parfait.

6

Le 2me l'Age d'argent. Les hommes sont soumis au travail.

7

Le 3me, l'Age d'airain. Les hommes se haïssent et se combattent.

8

Le 4me, l'Age de fer. Les hommes sont criminels. Jupiter détruisit cette race par un déluge.

9

Saturne, chassé du ciel par son fils Jupiter, vient demander l'hospitalité à Janus, roi d'Italie, qui partage le pouvoir avec lui. Le royaume de Janus prit depuis ce temps le nom de Latium, c'est-à-dire *se cacher*. Leur règne fut si heureux qu'on l'appela l'âge d'or.

10

Vesta, déesse du feu, était fille de Saturne et de

Cybèle; ses prêtresses, appelées vestales, entretenaient dans le temple de la déesse le feu sacré, symbole de la perpétuité de l'empire romain. Elles fesaient vœu de ne pas se marier, et quand elles violaient ce vœu, on les enterrait vivantes. C'est la cérémonie de ce supplice qui est représentée dans le tableau.

11

Remontons, pour expliquer ce tableau, jusqu'à l'histoire d'Uranus. Uranus ou le Ciel avait épousé Titéa ou la Terre. Uranus plongeait sès enfants, à leur naissance, dans les profonds abîmes. Titéa résolut de soustraire ses enfants à la cruauté de leur père. Elle fabriqua une faux et la remit à son fils Saturne. Celui-ci frappa son père du tranchant de sa faux. Le sang qui coula de la blessure, tomba sur la terre et produisit les Furies. Saturne régna alors à la place de son père dépossédé, malgré les droits de son frère aîné Titan. Mais il fut convenu qu'à la mort de Saturne, Titan reprendrait le trône et, à cet effet, Saturne ne devait élever aucun enfant mâle; toutes les fois qu'il lui en naissait un, il le dévorait. Cependant sa femme Rhéa ou Cybèle, fille d'Uranus et de Titéa put le tromper plusieurs fois en lui donnant, à la place d'un enfant, une pierre à avaler. C'est ainsi que furent sauvés Jupiter, Neptune, Pluton. Jupiter, soustrait par sa mère Cybèle à la voracité de Saturne, est élevé secrètement dans une grotte de l'île de Crète. Il y est allaité par la chèvre Amaltée et nourri par deux nymphes, Adrastée et Ida, qu'on nomme les Mélisses, c'est-à-dire mouches à miel. Les Corybantes, prêtres de Cybèle, devaient couvrir ses cris par le bruit de leurs tambours.

12

Les Géants, fils de la Terre, veulent assiéger Jupiter jusque dans le ciel. Pour y parvenir, ils entassent montagnes sur montagnes, Ossa sur Pelion (monts de Thessalie). Mais ils sont foudroyés par Jupiter. L'un des géants, Encelade, fut enseveli sous l'Etna (Sicile).

13

La nymphe Chéloné, étant arrivée trop tard aux noces de Junon, est changée en tortue.

14

Les anciens plaçaient le séjour des dieux au sommet de l'Olympe, montagne de Thessalie, en Grèce. Jupiter et sa femme Junon étaient entourés des grands dieux qui formaient leur cour : Neptune,

Mercure, Apollon, Mars, Vulcain, Cérès, Minerve, Vesta, Diane, Vénus. Hébé, déesse de la jeunesse leur servait le nectar, boisson des dieux. Momus, dieu de la raillerie, excitait leur gaieté.

15

Vulcain, ayant voulu délivrer sa mère Junon, que Jupiter, en punition d'un complot tramé contre lui, avait suspendue entre le ciel et la terre avec une chaîne d'or attachée aux pieds, fut précipité du ciel et tomba dans l'île de Lemnos (V. le tableau 61).

16

Jupiter, étant descendu de l'Olympe pour visiter les mortels, va en Arcadie chez Lycaon, roi impie et cruel ; il voulut éprouver la divinité de Jupiter et lui faire servir des membres d'un enfant qu'il avait fait égorger et couper en morceaux. Jupiter brûle le palais de Lycaon et change ce prince en loup.

17

Jupiter et Mercure, voyageant en Phrygie, sont poursuivis par les insultes des habitants. Philémon et Baucis, sa femme, reçoivent seuls les dieux avec bonté. En récompense, leur chaumière est changée en un temple magnifique dont ils deviennent les prêtres. Au moment de leur mort, Philémon est changé en chêne et Baucis en tilleul.

18

Jupiter pendant son voyage sur la terre avait trouvé les hommes si méchants qu'il les fit périr par un déluge : il n'épargna que Deucalion et Pyrrha, sa femme, sages vieillards qui régnaient en Thessalie. Ce furent eux qui repeuplèrent la terre. L'oracle de Delphes leur dit : « Sortez du temple et jetez derrière vous les os de votre aïeule. » Ils comprirent que c'était les pierres, ossements de la Terre.

19

Vénus, Junon et Minerve se disputent le prix de la beauté. Le berger Pâris, fils de Priam, roi de Troie, doit juger de la querelle. Il donne à Vénus la pomme, don de la Discorde et prix de la beauté. De là la haine de Junon pour les Troyens (V. le tableau 69).

20

Jupiter eut plusieurs femmes : Métis (qu'il renferma dans ses propres entrailles et ne fit plus qu'un avec elle); Thémis ; Eurynome (mère des trois Grâces) ; Cérès (qui eut une fille, Proserpine) ; Mnémosyne (mère des neuf Muses) ; Latone (qui eut pour enfants Apollon et Diane); enfin, sa sœur, Junon, la plus remarquable (elle eut pour enfants Hébé, Mars, Ilithyie). Elle était jalouse et vindicative. Elle poursuivit de sa colère Io, fille d'Inachus, roi d'Argos. C'est en vain que Jupiter pour la sauver la métamorphosa en génisse, Junon la mit sous la surveillance d'un gardien à cent yeux, Argus, prince de la race d'Inachus. Mais Mercure étant parvenu à l'endormir, le tua pendant son sommeil. Junon métamorphosa Argus en paon dont la queue est semée de ses cent yeux. Cet oiseau fut consacré à Junon. La pauvre Io fut poursuivie par un taon que la cruelle déesse lança contre elle. Elle erra alors longtemps en Europe et en Asie, et ne retrouva sa première forme qu'en Egypte.

21

Écho, une des nymphes de Junon, ayant trompé sa maîtresse, fut condamnée à ne plus répéter que la dernière syllabe des mots qu'elle entendait. La malheureuse Écho, errant dans les forêts, rencontra un beau berger, nommé Narcisse, et l'aima. Mais Narcisse restait indifférent à son amitié ; il avait vu dans le cristal d'une fontaine sa propre image, et depuis, charmé, il se consumait à la contempler. Cet insensé fut métamorphosé en la fleur qui porte son nom. La pauvre Écho, depuis ce temps, pleure la perte de celui qu'elle aimait.

22

Junon, jalouse de la beauté de Latone, la chassa de l'Olympe et fit promettre à la Terre de ne lui donner aucun asile. Mais Jupiter la changea en caille, et Neptune d'un coup de son trident fit sortir du milieu des flots l'île de Délos, une des Cyclades où Latone se réfugia. Là, elle eut deux enfants, Apollon et Diane. Mais Junon découvrit sa retraite, et Latone fut contrainte de s'enfuir et d'errer de contrée en contrée.

23

Un jour que Latone traversait la Lycie (dans l'Asie-Mineure), elle arriva épuisée de fatigue, près d'un marais où travaillaient quelques paysans. Elle leur demanda à boire, mais les Lyciens, excités par Junon, lui refusent et troublent l'eau. Latone ayant invoqué Jupiter, le dieu changea les méchants paysans en grenouilles.

24

Un serpent monstrueux à cent têtes, nommé Python, habitait sur le Parnasse près de Delphes, et fut tué par le jeune Apollon, qui entoura de la peau du monstre le trépied où s'asseyait sa prêtresse, dans le temple qui lui était consacré à Delphes. Apollon institua en l'honneur de cette victoire des jeux, qu'on célébrait tous les quatre ans à Delphes, et que l'on nommait jeux Pythiques.

25

Les Muses, filles de Jupiter et de Mnémosyne, naquirent sur le mont Piérius (dans la Macédoine). Elles présidaient aux lettres, aux arts et aux sciences. Souvent elles se réunissaient sur le mont Parnasse (dans la Phocide) autour d'Apollon, dieu de la poésie. Les Muses étaient au nombre de neuf : Clio présidait à l'histoire, Euterpe à la musique, Terpsichore à la danse, Erato à la poésie légère, Polymnie à l'ode et à l'éloquence, Calliope à l'épopée, Uranie à l'astronomie, Thalie à la comédie, Melpomène à la tragédie.

26

Apollon était aussi le dieu du jour : il prenait alors le nom de Phœbus. Il conduisait le char du soleil, traîné par quatre chevaux qui se nommaient : Pyroüs, Eoüs, Ethon et Phlégon. Ces chevaux étaient attelés par les trois Heures : Eunomie, Dicé, Irène.

27

Phaéton, fils d'Apollon et de Clymène, supplia un jour son père de lui accorder une faveur qui démontrât à l'univers entier qu'il est son fils. Le Soleil chérissait Phaéton ; il jura par le Styx de ne lui refuser aucune de ses demandes : c'était un serment que les dieux mêmes ne pouvaient violer. « Eh bien, mon père, dit Phaéton, laissez-moi conduire pendant un jour le char de la lumière. » Apollon fut effrayé ; mais il avait promis, et Phaéton, plein de joie et d'orgueil, s'élance sur le char de son père. Mais, hélas ! les chevaux impétueux ne reconnaissent plus la main de leur maître, et se détournent de leur route accoutumée, et la terre est embrasée. Jupiter indigné foudroya Phaéton, et le précipita dans l'Eridan, fleuve de l'Italie.

28

Apollon avait eu de la nymphe Coronis un autre fils que Phaéton : il s'appelait Esculape. Esculape était habile dans l'art de la médecine, et ayant rendu la vie à Glaucus, fils de Minos, et à Hippolyte, fils de Thésée, il fut foudroyé par Jupiter. Apollon, pour se venger, perça de ses flèches les Cyclopes, qui avaient fabriqué la foudre. Vulcain, dieu du feu, qui commandait aux Cyclopes, porta plainte à Jupiter, qui chassa Apollon du ciel. Le dieu, exilé sur la terre, fut réduit à conduire les troupeaux d'Admète, roi de Thessalie. Mercure ajouta encore à ses malheurs en lui dérobant son arc et son troupeau. Apollon ne conserva que sa flûte, dont il tirait des sons harmonieux. Le dieu Pan osa le défier. Le combat eut lieu dans la Phrygie, et le roi Midas, choisi pour juge, donna la préférence au dieu Pan. Apollon, pour se venger, allongea demesurément les oreilles du roi imprudent, qui se hâta de les cacher sous une tiare de pourpre. Son barbier seul connut son infirmité et jura de se taire. Cependant ce secret lui pesa tellement qu'un jour, après s'être assuré qu'il était bien seul, il creusa la terre et lui confia la terrible nouvelle; puis il combla le trou dépositaire de sa confidence. La terre fraîchement remuée donna naissance à des roseaux qui répétèrent les mots dits par le barbier : *Le roi Midas a des oreilles d'âne!*

29

Dans ses voyages, Apollon visita la vallée de Tempé en Thessalie. Il y rencontra un jour une jeune nymphe nommée Daphné et la poursuivit. La jeune fille effrayée se réfugia dans les bras du fleuve Pénée, son père, et fut changée en laurier. Apollon détacha un rameau de l'arbre et s'en fit une couronne; il voulut que dans l'avenir le laurier fût la récompense des poètes, des artistes et des guerriers.

30

Comme Pan, le satyre Marsyas osa défier Apollon au combat de la flûte. Mais plus malheureux que le dieu des bergers, il fut vaincu en présence des dieux et des hommes. Apollon lui fit lier les mains derrière le dos, l'attacha à un arbre et l'écorcha tout vif.

31

Hyacinthe, fils d'Amyclas, était le plus intime ami d'Apollon. Le dieu Zéphyre, qui aimait aussi Hyacinthe, irrité de la préférence que ce jeune homme montrait pour Apollon, résolut de s'en venger. Un jour que le dieu de la poésie jouait au palet avec Hyacinthe, il détourna le disque de métal et le poussa si violemment contre la tempe du jeune homme que le coup en fut mortel. Du sang qui coula de la blessure naquit la fleur hyacinthe, sur les pétales de laquelle Apollon grava les lettres *Ai* (hélas!) ou seulement un *Y*, initiale du nom grec de son favori.

32

Apollon aimait aussi beaucoup un jeune chasseur

nommé Cyparisse, fils de Télèphe. Celui-ci tua un jour par mégarde son cerf favori. Cyparisse ressentit une douleur profonde. Il fut changé en cyprès.

33

Pégase était le cheval ailé qui conduisait les poètes au sommet du Parnasse, où ils allaient chercher l'inspiration. Pégase naquit du sang de Méduse. D'un coup de pied il fit jaillir la fontaine d'Hippocrène (en Béotie).

34

Dans le temple d'Apollon, à Delphes (en Phocide), la prêtresse qui rendait des oracles se nommait Pythie. Avant de prononcer les paroles prophétiques, elle s'asseyait sur un trépied placé au-dessus d'une cavité d'où s'exhalaient une odeur forte et une vapeur enivrante. Ce trépied était recouvert de la peau du serpent Python, qu'Apollon avait tué; de là le nom de la prêtresse.

35

Arion était poète et musicien ; il naquit dans l'île de Lesbos et voyagea en Grèce, en Sicile et en Italie. S'étant embarqué au port de Tarente pour retourner dans sa patrie, les matelots du navire sur lequel il était, voulurent le dépouiller de ses richesses, et résolurent de le jeter à la mer. Arion demanda qu'il lui fût permis, avant de mourir, de jouer encore une fois de son luth. Il obtint cette grâce; fit retentir les airs d'une harmonie délicieuse, et se précipita dans les flots. Un dauphin, attiré par ses accords (on dit que ces animaux sont sensibles à la musique), le reçut dans sa chute et le transporta au cap Ténare, en Laconie. Il se rendit de là chez Périandre, roi de Corinthe, qui fit mettre à mort les matelots et éleva un monument de bronze au dauphin sauveur d'Arion.

36

Amphion, fils de Jupiter et d'Antiope, cultiva la poésie et la musique. Mercure lui fit présent d'une lyre à sept cordes. C'est au son de cette lyre qu'il bâtit la ville de Thèbes, en Béotie. Les pierres, sensibles à l'harmonie, venaient se ranger d'elles-mêmes à leur place. On a voulu montrer, par cette fable, qu'Amphion sut civiliser les peuples grossiers de ce pays.

37

Orphée, fils d'Œagre, roi de Thrace, était poète et musicien. Sa voie harmonieuse chantait les hommes et les dieux. La nature entière était sensible à ses accords. Les lions, les ours, venaient lécher ses pieds; les rochers, les montagnes accouraient vers lui. Il avait pour femme Eurydice. Un jour qu'elle fuyait les poursuites d'Aristée, fils de Cyrène, elle fut piquée au talon par un serpent, et mourut de cette blessure. Orphée inconsolable, descend aux enfers pour redemander sa chère compagne. Pluton, subissant aussi le charme du talent d'Orphée, rend Eurydice à Orphée, mais sous la condition expresse qu'il ne tournera point la tête pour la regarder, jusqu'à ce qu'elle ait quitté le royaume des Morts. Ils allaient franchir les bornes du sombre empire lorsque Orphée, oubliant la loi qui lui est imposée, s'arrête et regarde en arrière... Eurydice disparaît aussitôt. Accablé de douleur, il se retire en Thrace sur le mont Rhodope. C'est en vain que les habitants de ces contrées veulent lui faire oublier ses malheurs et sa tristesse. Irritées du mépris qu'il montrait pour les fêtes de Bacchus, les femmes thraces, vêtues d'une peau de tigre et armées d'un thyrse (1), comme c'était l'usage pendant les fêtes de Bacchus, se précipitent sur lui et le tuent. Elles jetèrent ses membres dans le fleuve de l'Ebre. Sa tête et sa lyre furent portées par les flots jusqu'à Lesbos.

38

Diane, sœur d'Apollon, fille de Jupiter et de Latone avait trois séjours et trois noms différents. Au

(1) Javelot entouré de pampre et de lierre, et terminé par une pomme de pin.

ciel, où elle conduit le char de la lune, on la nomme Phébé ; sur la terre, où elle préside à la chasse, on la nomme Diane et aux enfers, où on la confond quelquefois avec Proserpine, la femme de Pluton, elle s'appelle Hécate. Elle avait un caractère farouche et se montra souvent cruelle. Un jour, un jeune berger nommé *Actéon*, petit-fils de Cadmus, roi de Thèbes, l'ayant surprise, par mégarde, au bain avec ses Nymphes, fut changé en cerf et déchiré par ses chiens.

39

Diane et son frère Apollon furent aussi d'une sévérité impitoyable envers Niobé. Niobé, fille de Tantale, roi de Lydie, épousa Amphion, roi Thèbes et eut quatorze enfants dont les vertus fesaient l'orgueil de leur mère. Cet orgueil lui fut bien fatal ! Elle montra une grande indifférence pour Latone, qui n'avait que deux enfants, et dédaignait le culte d'Apollon. Celui-ci irrité se vengea. Il surprit dans les plaines de Thèbes les fils de Niobé qui s'exerçaient à la lutte, et les perça de ses flèches. A cette nouvelle les sœurs de ces princes infortunés, accourent tout éplorées sur les remparts, et elles tombèrent à leur tour sous les coups invincibles de Diane. Niobé arrive au milieu de cette scène d'horreur, et reste immobile et muette de douleur ; elle est métamorphosée en rocher qu'un tourbillon de vent emporte de la Lydie au sommet du mont Sipyle ; et, dès ce jour, coulèrent de ce rocher deux sources d'eau vive.

40

Orion (qu'on nomme aussi Candaon) était remarquable par sa beauté et par la hauteur de sa taille. On dit que, quand il descendait au fond de la mer, ses épaules dépassaient les vagues, et que lorsqu'il marchait sur la terre, sa tête se perdait dans les nues. Diane avait pour lui une vive affection. Apollon en fut irrité. Il eut l'air de douter de l'adresse de sa sœur à lancer la flèche, et lui indiqua comme but un point noir qu'on distinguait à peine sur le rivage de l'Océan. Le trait siffla et alla s'enfoncer dans la tête d'Orion, qui jetait ses filets à la mer sans prévoir le danger.

On raconte encore d'une autre manière la mort d'Orion. Chasseur intrépide, Orion se vantait de pouvoir triompher de tous les monstres. La Terre fit alors sortir de son sein un simple scorpion, dont la piqûre donna la mort au présomptueux géant.

41

Athamas, roi de Thèbes, épousa Néphélé, et eut un fils et une fille, Phryxus et Hellé. Bientôt il répudia Néphélé, et épousa Ino, princesse illustre, fille de Cadmus, qui poursuivit de sa haine les deux enfants de son mari. Phryxus et Hellé, pour échapper à leur belle-mère, s'enfuirent en Colchide, montés sur un bélier à la toison d'or, que Néphélé avait reçu de Mercure. Ce bélier était fils de Neptune ; il était doué de raison et avait le don de la parole, ainsi que celui de traverser à sa volonté la mer et les airs. Mercure l'avait métamorphosé en un bélier d'or. Pendant la traversée, Hellé tomba dans un détroit, qui prit de là le nom d'Hellespont ou mer de Hellé. Arrivé à Œa en Colchide, Phryxus, d'après l'ordre de Mercure, sacrifia le bélier à Jupiter, puis il suspendit la toison à un chêne ou bien à un hêtre, dans un bois consacré à Mars; un dragon, qui ne sommeillait jamais, fut chargé de garder ce trésor.

42

Europe était fille d'Agénor, roi de Phénicie, et sœur de Cadmus. Un jour qu'elle jouait sur le rivage avec ses compagnes, elle remarqua près d'elle un taureau qui paissait tranquillement. Elle s'approche de l'animal, lui offre des herbes et des fleurs, l'orne de guirlandes, et, enhardie par sa douceur, s'assied sur son dos. Aussitôt le taureau, qui n'était autre que Jupiter métamorphosé, s'élance dans la mer et emporte Europe jusque dans l'île de Crète.

Europe eut deux fils, Minos et Rhadamanthe. Elle donna son nom à l'une des parties du monde.

43

Un jour, Jupiter, qui venait de dévorer sa première épouse, Métis ou la Réflexion, éprouva un mal de tête insupportable. Il fit venir Vulcain, et lui ordonna de lui frapper la tête d'un coup de hache. Le dieu obéit, et du crâne entr'ouvert sortit Minerve ou Athénée, déesse de la sagesse et symbole de la pensée. Minerve préside aux beaux-arts, à l'industrie, à la guerre. Elle prend quelquefois le nom de Pallas. Ce nom lui vient d'une victoire qu'elle remporta sur le géant Pallas.

44

Minerve et Neptune, dieu de la mer, se disputèrent l'honneur de donner un nom à la ville que Cécrops venait de fonder. Jupiter décida que cet honneur appartiendrait à celui des deux prétendants qui produirait la chose la plus utile à la nouvelle cité. Neptune frappa la terre de son trident et fit naître le cheval, qui est l'emblème de la guerre. Minerve, d'un coup de sa lance, produisit l'olivier, symbole de la paix. Les dieux se déclarèrent pour la déesse, et la ville s'appela Athênê (Athènes) : c'est en grec le nom de Minerve (1).

45

Arachné, fille d'Idmon, roi de Colophon (Asie-Mineure), travaillait si bien en broderie qu'elle osa défier Minerve elle-même. Le défi accepté, elles se mirent toutes deux à l'ouvrage. La tapisserie d'Arachné fut si remarquable que Minerve, dans un accès de jalousie, frappa de sa navette la jeune fille. Celle-ci allait se pendre de désespoir, lorsque la déesse repentante la changea en araignée.

46

Minerve jouait un jour de la flûte en présence de Vénus et de Junon. Les deux déesses se mirent à rire de la grimace que faisait la musicienne. Celle-ci de dépit jeta son instrument.

(1) Ce ne fut pas la seule querelle de ce genre que souleva Neptune. Neptune et Minerve se disputèrent encore l'honneur de donner un nom à la ville de Trézène : Jupiter donna au dieu de la mer le titre de roi de Trézène, et à la déesse de la sagesse celui de protectrice de la ville Une dispute semblable s'éleva entre Neptune et Apollon au sujet de Corinthe. Briarée, choisi pour arbitre, adjugea l'isthme de Corinthe au dieu des mers et le promontoire à son rival.

47

Mercure, fils de Jupiter et de Maïa était le dieu de l'éloquence, du commerce et des voleurs, et le messager des dieux. Il naquit sur le mont Cyllène, en Arcadie. Bientôt les vols qu'il commettait sans cesse dans l'Olympe forcèrent Jupiter à l'exiler sur la terre.

On représentait Mercure comme l'indique le tableau. La coiffe ronde de Mercure se nomme petase, et la baguette qu'il tient se nomme caducée. Cette baguette, il l'avait reçue d'Apollon. L'ayant placée entre deux serpents qui se battaient, ceux-ci s'y entrelacèrent et demeurèrent paisibles. Le caducée devint ainsi le symbole de la paix.

48

Mercure sur la terre continua ses larcins. Il déroba à Apollon, alors berger d'Admète, roi de Thessalie, son troupeau et son arc.

49

Junon, ayant résolu la perte de Sémélé, fille de Cadmus, roi de Thèbes, prit la forme de Béroé, nourrice de la jeune princesse, et lui donna le conseil perfide de demander à Jupiter, qui aimait Sémélé, de se montrer à elle dans tout l'éclat de sa gloire. Jupiter y ayant consenti, Sémélé fut embrasée. Mercure envoyé par Jupiter, put sauver l'enfant de Sémélé, le jeune Bacchus.— D'autres disent que, pour le soustraire à la mort, Jupiter renferma le petit Bacchus dans sa cuisse, d'où il sortit quelque temps après.

50

Mars, suivant les Grecs, est fils de Jupiter et de Junon; suivant les Romains, de Junon, qui lui aurait donné naissance après avoir respiré une fleur qui croissait dans les champs d'Olène, ville d'Achaïe. C'est le dieu de la guerre. Sa sœur Bellone préparait le char du dieu, quand il partait au combat. Il habite les monts de la Thrace et principalement l'Hémus. Il était honoré chez les Grecs, mais surtout chez les Romains où il avait un temple. Ses prêtres se nommaient les Saliens. Leurs fonctions étaient de conserver les anciles (1) ou boucliers consacrés à Mars. Tous les ans au mois de mars, ils portaient en procession les anciles, en dansant d'un mouvement prompt ; de là leur nom de saliens ou sauteurs.

(1) On appelait anciles les onze boucliers sacrés, en airain, faits à l'image d'un bouclier tombé du ciel aux pieds de Numa, pendant qu'il offrait un sacrifice.

51

Les trois Grâces étaient filles de Jupiter et d'Eurynome. Elles se nommaient Aglaé, Thalie et Euphrosine. Elles présidaient à tout ce que le monde offre d'agréable, de doux et d'attrayant. Cupidon, fils de la belle Vénus et dieu de l'amour, les accompagne souvent.

52

Adonis, fils du roi de Cypre, Cinyre, était d'une grande beauté. Il se livrait à la chasse avec impétuosité. Un jour un sanglier furieux s'élança sur lui et le mit en pièces. Vénus, qui l'aimait, accourut à son secours et le changea en anémone.

53

Cybèle, fille d'Uranus et de Titéa, est la déesse de la terre. On l'appelle encore Rhéa, Vesta. Elle épousa Saturne et fut mère de Jupiter, de Junon, de Neptune et de Pluton.

Les prêtres de Cybèle se nommaient Curètes, Corybantes ou Dactyles ; ils célébraient ses fêtes en dansant au bruit des cymbales et des tambours. On la représente comme dans le tableau.

54

Proserpine, fille de Cérès et de Jupiter, jouait avec les nymphes dans une vallée près du mont Etna, en Sicile, lorsque Pluton, roi des enfers, sortit tout à coup du sein de la terre, enleva la jeune fille malgré les cris et la désolation de sa fidèle compagne, la nymphe Cyané. La pauvre Cérès se mit alors à la recherche de sa fille, et un flambeau à la main, parcourut la terre. Arrivée en Sicile, elle apprend de la nymphe Aréthuse que sa fille est devenue la reine des Enfers. Cérès monte alors auprès de Jupiter et implore sa protection. Le maître de l'Olympe accorde que Proserpine lui sera rendue, si elle n'a pris aucune nourriture dans les enfers. Malheureusement son gardien Ascalaphe l'avait vue manger quelques grains de grenade. Jupiter décida alors qu'elle resterait l'épouse de Pluton, mais qu'elle passerait six mois de l'année sur la terre. L'indiscret Ascalaphe fut changé en hibou.

55

Dans son voyage Cérès traversa la Lycie. Elle entra un jour dans la cabane d'une vieille femme qui, pour apaiser sa faim, lui donna de la bouillie qu'elle mangea avec avidité. Un enfant nommé Stellio s'étant moqué de la déesse, celle-ci lui jeta à la figure le reste de sa bouillie et le métamorphosa en lézard.

56

V. le tableau 54.

57

Plutus, fils de Jasion et de Cérès, était le dieu des richesses. Jupiter le frappa de cécité afin qu'il accordât ses faveurs aux bons comme aux méchants, et qu'il n'anticipât pas sur les attributions de la puissance suprême. Les Grecs disaient qu'il arrivait lentement, mais qu'il s'en allait avec des ailes, pour montrer que la fortune s'acquiert lentement, mais qu'elle se dissipe vite.

58

Bacchus est fils de Jupiter et de Sémélé (V. le tableau 49). Il fut élevé par Silène, vieillard d'humeur joyeuse, fils de Mercure et de la Terre. On le représente gros, la face rubiconde, monté sur un âne et tenant à la main une coupe toujours pleine. Le tableau représente Bacchus et sa suite allant faire la conquête des Indes.

59

Pendant cette joyeuse campagne de Bacchus dans

les Indes, on dit que Silène, surpris par les Phrygiens, fut livré à leur roi Midas, qui s'empressa de le rendre à Bacchus. Celui-ci, en récompense, accorda à Midas le don de convertir tout ce qu'il toucherait en or. Mais le roi, en possession de ce merveilleux privilége, se vit bientôt menacé de mourir de faim. Il demanda à Bacchus de l'en débarrasser. Il y parvint en se lavant les mains dans le Pactole, qui, depuis cette époque, roula des paillettes d'or.

60

Les fêtes de Bacchus se nommaient les Bacchanales. Les hommes et les femmes qui y prenaient part se livraient à tous les excès. Ils se barbouillaient de lie, se revêtaient de peaux d'animaux et couraient d'une manière insensée, le thyrse à la main.

Bacchus se montra souvent sévère envers ceux qui dédaignaient les fêtes célébrées en son honneur.

Minée, roi d'Orchomène, avait trois filles qui se nommaient Iris, Climène et Alcithoé. Elles étaient laborieuses et dédaignaient de célébrer les fêtes de Bacchus, tournant en ridicule les Bacchantes ou prêtresses de Bacchus. Tout à coup le palais qu'elles habitent retentit de bruits confus ; effrayées, les jeunes filles veulent fuir, mais elles sont métamorphosées en chauves-souris.

61

Vulcain, dieu du feu, fils de Jupiter et de Junon, avait pour compagnons et pour ouvriers les Cyclopes, fils d'Uranus et de Titéa, géants qui n'avaient qu'un œil au milieu du front. Ils étaient employés à forger les foudres de Jupiter dans les forges de Vulcain, dans l'île de Lemnos et dans les cavernes de l'Etna. Jupiter ayant foudroyé le fils d'Apollon, Esculape, le dieu du jour, pour se venger, tua tous les cyclopes à coups de flèches. (V. les tableaux 28, 88 et 89.)

62

Dans les fêtes instituées en l'honneur de Vulcain par les Athéniens, on remarquait les courses appelées Lampadophories, dans lesquelles les coureurs se passaient de main en main des flambeaux qui ne devaient pas s'éteindre.

63

Les nymphes, filles de Jupiter, étaient des divinités qui habitaient la terre et séjournaient dans les bois, dans les montagnes, près des sources des fleuves, dans les prairies. Celles des forêts étaient les Hamadryades ; celles des arbres, les Dryades ; celles des bois et des vallées, les Napées ; celles des fontaines, les Naïades ; celles des montagnes, les Oréades.

Les autres divinités que présente le tableau sont : le dieu Pan, dieu des bergers, qui faisait sa résidence sur le mont Lycée, en Arcadie. Il était représenté avec des jambes et des pieds de chèvre, des cornes sur la tête. Il était le chef des satyres. Il inventa la flûte à sept tuyaux, qu'il nomma Syringe, de la nymphe Syrinx, qui fut métamorphosée en roseau lorsqu'elle se dérobait aux poursuites du dieu Pan.

Les Satyres étaient des divinités terrestres dont le front était armé de cornes et qui avaient des jambes de chèvre ou de bouc.

Les Faunes étaient des divinités qui ressemblaient aux Satyres, mais qui étaient moins grossières.

64

Palès était la déesse des pâturages et des bergeries. Sa fête, appelée Palilie, se célébrait au mois d'avril. Le tableau représente les principales cérémonies de ces fêtes.

65

Flore était la déesse des fleurs. Son époux était

Zéphyre. Les fêtes de cette déesse s'appelaient Florales et duraient six jours.

66

Pomone, déesse des fruits, dédaignait toutes les divinités champêtres qui se présentaient pour l'épouser et leur avait interdit l'entrée de ses jardins. Vertumne, dieu des saisons, parvint à s'introduire auprès d'elle sous la forme d'une vieille femme et sut la charmer par ses paroles. Il reprit alors sa première forme, et Pomone consentit à l'épouser.

67

Le dieu Terme était le gardien des propriétés. La borne qui faisait la limite des champs fut d'abord honorée comme une divinité sous le nom de Termes. Plus tard on lui donna une figure d'homme sans pieds et sans bras. La fête en son honneur s'appelait les Terminales : c'est cette fête que représente le tableau.

68

Océan représentait la mer. Il était fils d'Uranus et de Titéa; il épousa sa sœur Téthys. Ils eurent pour enfants les Océanides ou nymphes de la mer.

Téthys représente plus particulièrement la mer Méditerranée.

69

Il ne faut pas confondre Téthys, la femme de l'Océan avec Thétis, la mère d'Achille.

Thétis était une Néréide, c'est-à-dire une fille de Nérée, dieu de la mer qui épousa Doris, fille de l'Océan. Les Néréides, divinités de la mer, étaient au nombre de cinquante. On les représentait tenant dans la main le trident de Neptune ou un petit dauphin. Quelquefois on les peint moitié femmes et moitié poissons.

Thétis épousa Pélée, fils d'Eaque et d'Endéis et roi des Myrmidons en Phthiotide (Thessalie). A leurs noces furent conviés tous les dieux et toutes les déesses. La Discorde seule fut exclue du festin. Elle voulut s'en venger ; elle parut dans un nuage à la fin du repas et jeta sur la table une pomme d'or où étaient gravés ces mots : *à la plus belle* Aussitôt s'élève une querelle entre Junon, Vénus et Minerve qui prétendent à la pomme. Pâris, fils de Priam roi de Troie, est désigné pour juge entre les trois déesses, et Vénus obtient le prix de la beauté. Junon en ressentit une vive jalousie et garda contre les Troyens une haine implacable.

70

Neptune est fils de Saturne et de Rhéa. Il eut en partage l'empire de la mer. Junon unie à Neptune et aux autres dieux, voulut détrôner Jupiter ; mais la néréide Thétis amena au secours de Jupiter le géant Briarée, fils de la Terre, qui terrifia les dieux. Jupiter vainqueur punit Junon en la suspendant entre le ciel et la terre avec une chaîne d'or, et Neptune fut exilé sur la terre. C'est alors qu'il travailla avec Apollon à relever les murailles de Troie pour le roi Laomédon, qui leur avait promis un salaire ; mais le travail achevé, il refusa de remplir sa promesse. Alors Apollon envoya la peste, et Neptune un monstre marin qui dévorait les habitants de la ville et de la campagne. Les Troyens effrayés consultèrent l'oracle, qui leur ordonna de livrer au monstre la fille de Laomédon qui se nommait Hésione. Elle fut donc enchaînée au rocher et allait mourir, lorsque le vaisseau des Argonautes vint à passer. Hercule consentit à délivrer la fille de Laomédon si ce roi lui promettait ses chevaux invincibles et la main de la princesse. Hésione fut délivrée, mais Laomédon fut encore parjure, et Hercule, pour se venger saccagea la ville de Troie, tua Laomédon et donna Hésione à son ami Télamon, roi de Salamine, l'un des Argonautes.

Neptune épousa Amphitrite, fille de Nérée et de Doris, qui devint ainsi la reine des mers. Ils eurent un fils, Triton, une des principales divinités de la mer. Son corps était terminé par une queue de dauphin. Ses enfants se nommaient les Tritons. Ils formaient avec les Néréides le cortége de Neptune.

71

Protée était aussi une divinité marine. Il était fils de Neptune et chargé de garder les troupeaux de phoques et de veaux-marins du dieu. Il avait le don de prévoir l'avenir ; mais il fallait lui faire violence pour obtenir de lui des prophéties, car il essayait par diverses métamorphoses de se soustraire aux poursuites de ceux qui venaient le consulter. Un jeune berger, nommé Aristée, fils d'Apollon et de Cyrène, sut triompher de Protée. Nous savons qu'Eurydice, femme d'Orphée, en fuyant les poursuites d'Aristée fut piquée par un serpent et mourut. Les nymphes pour se venger de la mort de leur compagne firent périr les abeilles du perfide berger ; celui-ci alla se plaindre à sa mère qui lui conseilla de consulter Protée. Le dieu essaya selon sa coutume de se dérober aux efforts d'Aristée, mais enfin, vaincu, il lui enseigna le moyen de faire renaître ses abeilles.

72

Dans le détroit qui sépare l'Italie de la Sicile, il y avait deux rochers qui étaient l'effroi des matelots. On les nommait Charybde et Scylla. Quand on avait évité Charybde on courait le risque de tomber sur Scylla. Suivant la fable, Scylla était fille de Phorcys, dieu marin fils de Neptune. Elle dédaigna Glaucus, dieu marin, fils de Neptune qui représentait les pêcheurs. Celui-ci chargea la magicienne Circé de sa vengeance. Elle jeta des herbes magiques dans la fontaine où Scylla venait se baigner : l'infortunée eut à peine touché les flots qu'elle fut saisie de fureur, et se précipita dans les flots où elle devint un monstre terrible aux vaisseaux.

Charybde était fille de Neptune et de la Terre. Ayant volé des bœufs à Hercule, elle fut foudroyée par Jupiter et changée en gouffre.

73

Les Sirènes étaient filles du fleuve Acheloüs et de la muse Calliope. Leur voix était enchanteresse. Elles habitaient des rochers entre l'île de Caprée et l'Italie. Elles arrêtaient les voyageurs par la douceur de leurs chants, et ceux-ci, en extase, périssaient faute d'aliments. Ulysse, roi d'Ithaque, lors de son retour de la guerre de Troie, échappa à ce danger de la manière suivante : il se fit attacher au mât de son navire et boucha avec de la cire les oreilles de ses compagnons. Les Sirènes vaincues, se précipitèrent dans la mer où elles périrent.

74

Eole, dieu des Vents, avait son empire dans les îles qui se trouvaient au nord de la Sicile et qu'on appelle Eoliennes ou Vulcanies. Les Vents étaient sous sa garde, renfermés dans de profondes cavernes. Quatre dieux principaux représentaient les Vents ; ce sont ceux qui figurent dans ce tableau : le premier est Eurus, vent du sud-est ; le second est Auster, vent du midi ; le troisième est Borée, vent du nord ; le quatrième est Zéphyre, vent de l'ouest.

75

Céphale était un jeune chasseur de Thessalie d'une grande beauté aimé par l'Aurore, qui lui donna un javelot, dont les coups étaient inévitables.

Procris, fille d'Erechthée, roi d'Athènes, et sœur d'Orithye, femme de Céphale, ayant voulu un jour épier son mari, se cacha dans un buisson. Une biche effrayée prit la fuite ; Céphale lui lance son javelot qui va frapper la pauvre Procris. Céphale mourut de douleur. L'Aurore qui aima Céphale, était fille de Titan et de la Terre; elle préside à la naissance du jour; elle ouvre avec ses doigts de rose les portes de l'orient et répand la rosée sur la terre. Elle épousa Tithon, chasseur fameux, frère de Priam, roi des Troyens et elle demanda pour lui à Jupiter l'immortalité; mais elle avait oublié de demander en même temps qu'il ne vieillît pas; de sorte qu'il devint si vieux qu'on était obligé de le bercer comme un enfant. La vie lui devint alors un fardeau, il souhaita mourir et fut métamorphosé en Cigale.

76

Ce tableau représente les Enfers.

Les Enfers étaient le séjour des morts; on les plaçait au dessous des régions terrestres dans de vastes et ténébreux abîmes. A l'entrée des Enfers est l'Averne sorte de vestibule qu'habitent la Douleur, la Maladie, la Mort, la Guerre, la Discorde, les Furies. Un chemin conduit de là à l'Achéron, fleuve sur les rives duquel se pressent les âmes des morts que Caron va prendre dans sa barque. Au-delà de l'Achéron se trouve la porte d'entrée du palais de Pluton, gardé par Cerbère, énorme chien à trois têtes. Là, trois vieillards au front sévère jugent les âmes, ce sont : Minos, Eaque et Rhadamanthe. Après la sentence de ces juges les bons sont introduits dans les Champs-Elysées, et les méchants précipités dans le Tartare.

Près du Tartare habitent les Gorgones, la Chimère, les Harpyes.

Les Gorgones, divinités terribles qui avaient des serpents au lieu de cheveux. La Chimère avait la tête d'un lion, la queue d'un dragon, le corps d'un bouc et vomissait des torrents de feu.

Les Harpyes étaient des montres ailés qui avaient le visage d'une vieille femme, le corps et les griffes d'un vautour avec une crinière de cheval.

Il y en avait trois principales : Ocypétès, Aëllo et Céléno. Dans un triste palais siége Pluton : Pluton a un visage livide ; dans sa main droite est un sceptre, ou une fourche à deux pointes ; dans la gauche il tient une clé qui désigne l'impossibilité de sortir des Enfers ; sa couronne est de bois d'ébène, près de lui sur un trône d'ébène est sa femme Proserpine. Au pied du trône de Pluton étaient les trois Parques filles de l'Erèbe et de la Nuit. Elles présidaient à la naissance et à la vie des hommes. La plus jeune d'elles, Clotho, tenait la quenouille, Lachésis fesait tourner le fil et Atropos le coupait avec ses terrible ciseaux. La quenouille était chargée de laine, de soie, d'or qui se mêlaient inégalement suivant la destinée des mortels.

Non loin était Némésis, divinité qui veillait aux châtiments des crimes ; elle tient un flambeau qui éclaire les consciences, et sur sa tête s'entrelacent des serpents.

77

Il est question dans cette énigme des cinq fleuves de l'Enfer :

1° L'Achéron, qui était alimenté par les larmes des coupables ;

2° Le Cocyte entourait le Tartare et était formé par les larmes des méchants ;

3° Le Styx, ou fleuve de la Haine, entourait sept fois les Enfers. Le serment fait par le Styx était inviolable ;

4° Le Phlégéton roulait des flots de feu et de bitume ;

5° Le Léthé marquait la limite du Tartare et des Champs-Elysées. Ses eaux faisaient oublier les maux passés, et les ombres destinées à habiter les Champs-Elysées s'y désaltéraient.

78

Nous citerons les principaux coupables qui subissaient dans le Tartare un châtiment éternel :

Sisyphe, fils d'Éole et d'Énarète, est le fondateur de Corinthe. Il eut pour femme Mérope. A sa mort, voulant éprouver l'affection de sa femme, il recommanda de laisser son corps sans sépulture. Apprenant aux Enfers qu'il avait été obéi, il voulut se venger de Mérope, en demandant à Pluton de retourner sur la terre, promettant de revenir; mais il viola sa promesse. Mercure le ramena de vive force aux Enfers, et Pluton le condamna à rouler, vers le sommet d'une montagne, une lourde pierre qui retombe toujours.

79

Phlégyas, fils de Mars, régnait en Thessalie sur les Lapithes; sa fille Coronis, mère d'Esculape, ayant été outragée par Apollon, il pilla le temple de Delphes consacré à ce dieu. Apollon le tua à coups de flèches, et dans les Enfers il fut étendu sous un rocher dont la chute le menaçait sans cesse.

80

Ixion obtint de Déjonée, ou Dionée, sa fille Dia en mariage, à condition qu'il lui ferait des présents magnifiques. Mais après le mariage, Ixion, au lieu d'acquitter sa dette, tua son beau-père. En horreur à toute la terre, il implora Jupiter, qui le reçut dans l'Olympe. Mais Ixion, loin d'être reconnaissant, insulta Junon. Jupiter le foudroya et le précipita dans le Tartare, où il subit les tourments indiqués par le tableau.

81

Tantale, roi de Lydie, reçut dans son palais les dieux qui voyageaient, sous la forme humaine, dans l'Asie-Mineure. Pour éprouver leur puissance et voir si les dieux sauraient deviner les choses les plus cachées, il égorgea son fils nouveau-né Pélops, et, le coupant en morceaux, le fit servir dans un repas. Les dieux découvrirent le crime; Cérès, seule, mangea une épaule de Pélops. Jupiter rendit la vie à Pélops, auquel on fit une épaule d'ivoire, et Tantale fut précipité dans le Tartare, condamné au supplice que décrit le tableau.

82

Danaüs, roi d'Argos, avait cinquante filles; Égyptus, roi d'Égypte, avait cinquante fils; il les maria aux Danaïdes. Danaüs, qui savait qu'un de ses gendres devait être son meurtrier, engagea ses filles à égorger leur époux la nuit même de leurs noces. Une seule, Hypermnestre, se refusa à obéir, et sauva son mari Lyncée. Les sœurs d'Hypermnestre furent condamnées dans les Enfers au supplice indiqué dans le tableau.

83

Chez les anciens, on plaçait sous la langue du

mort une pièce de monnaie, pour qu'il pût payer à Caron le passage de l'Achéron.

84

Ce tableau allégorique représente cinq divinités : la première est Bellone, sœur de Mars; la seconde est la Discorde, compagne de Bellone : chassée du ciel, elle parcourt la terre, tenant d'une main une torche et de l'autre un poignard, en mettant partout le trouble et la guerre; la troisième est la Renommée aux cent voix qui proclame les grands succès, le bien, le mal; la quatrième est la Paix, qui inspire le calme et favorise le travail utile; la cinquième est la Fortune, fille de Jupiter : elle dispense à son gré les biens et les maux, les plaisirs et les peines, la richesse et la pauvreté; son temple le plus renommé était à Antium en Italie, dans le pays des Volsques.

85

Ce tableau représente le Sommeil, fils de la Nuit, frère de la Mort et père des Songes; dans son séjour, le soleil ne pénétrait jamais; son ministre est Morphée, qui veille à ce que rien ne trouble le repos de son roi. Autour du Sommeil voltigent les Songes.

Ovide nomme trois Songes principaux : Morphée, Icélus et Phantasus.

86

Cette statue représente Harpocrate, le dieu du Silence. Les Romains plaçaient sa statue à l'extrémité des temples, pour montrer qu'il ne faut parler des dieux qu'avec discrétion et réserve.

87

La Justice ou Thémis était fille du Ciel et de la Terre. Elle porte un glaive, car elle sait punir; une balance, car elle pèse tout avec équité; un bandeau sur les yeux, car elle ne doit pas se laisser influencer par les qualités extérieures des personnes qu'elle juge. Elle a pour fille Astrée, qui est souvent prise pour la déesse de la justice elle-même.

88 et 89

Esculape est fils d'Apollon et de Coronis. Il fut instruit dans la connaissance des herbes et des fleurs salutaires, et dans l'art de guérir, par le centaure Chiron, monstre moitié homme et moitié cheval. Ainsi guidé, Esculape devint habile médecin. Il ne s'appliqua pas seulement à guérir, il réussit aussi à rendre la vie aux morts : il ressuscita Glaucus, Capanée, Hippolyte. Pluton vint alors se plaindre à Jupiter, qui foudroya Esculape. Son culte s'établit à Epidaure.

90

Psyché était une belle princesse d'Asie. Elle fut aimée de l'Amour, fils de Vénus, qui ordonna à Zéphyre de la conduire dans un palais magnifique, où elle était servie par des nymphes invisibles. Amour venait dans ce charmant séjour pendant la nuit et se retirait à la pointe du jour, recommandant bien à Psyché de ne pas souhaiter de le voir. Psyché ne tint pas compte de cette recommandation, et, emportée par la curiosité, elle s'approche une nuit de la couche où reposait l'enfant de Vénus. Mais une goutte d'huile étant tombée sur le charmant dormeur, il se réveilla et s'écria : Ingrate Psyché! vous me connaissez maintenant. Votre bonheur dépendait de votre ignorance. Aussitôt le beau palais disparaît et la pauvre Psyché se trouve au milieu d'un désert affreux. Vénus la poursuivit de sa haine et la soumit aux travaux les plus difficiles. Comme dernière épreuve, elle lui ordonna d'aller chez Proserpine lui demander une portion de sa beauté. L'épouse de Pluton lui remit une boîte que Psyché, toujours curieuse, eut l'imprudence d'ouvrir; il en sortit une fumée noire qui couvrit toute sa figure. Elle s'évanouit. A son réveil, elle trouve près d'elle l'Amour, qui lui pardonne et l'épouse.

91

Hercule, dieu de la force, est fils de Jupiter et d'Alcmène. Junon envoya près du berceau d'Hercule deux serpents monstrueux que l'enfant étouffa sans peine.

92

L'éducation d'Hercule fut confiée à plusieurs maîtres habiles. Euryte lui apprit à tirer de l'arc ; Antolycus lui enseigna à conduire un char; Chiron lui donna la notion des sciences et de la morale; Linus voulut lui apprendre à jouer de la lyre, mais le jeune Hercule rebelle à la musique, cassa son instrument, dans un moment de colère, sur la tête de Linus, qui resta mort sous le coup.

93

Sthénélus, roi d'Argos et de Mycènes avait pour femme Nicippe. Celle-ci allait être mère en même temps qu'Alcmène. Junon fit déclarer par Jupiter que l'enfant qui viendrait au jour le premier aurait tout pouvoir sur le second, et elle fit naître d'abord le fils de Nicippe, qui s'appela Eurysthée. De sorte que Hercule, fils d'Alcmène, fut soumis aux ordres d'Eurysthée qui lui imposa douze travaux qu'Hercule accomplit avec un grand courage :

1° Un lion terrible désolait la forêt de Némée. Hercule le frappa de sa massue et le dépouilla de sa peau, qu'il porta depuis comme un signe de sa victoire.

94

2° Dans les marais de Lerne vivait un monstre, une hydre à sept têtes. Une tête tranchée renaissait aussitôt plus terrible. Hercule les abattit toutes d'un seul coup et trempa ses flèches dans le sang de l'hydre, ce qui rendit leurs blessures mortelles.

95

3° Une biche aux cornes d'or et aux pieds d'airain avait une course si rapide que personne n'avait pu l'atteindre. Hercule s'en empara et l'apporta vivante à Eurysthée.

96

4° Dans la forêt d'Erymanthe vivait un sanglier formidable. Hercule le tua et l'apporta à Eurysthée. On dit que celui-ci à la vue du monstre fut si effrayé qu'il alla se cacher dans une cuve d'airain.

97

5° Sur les bords du lac Stymphale (Arcadie) se trouvaient des oiseaux aux ailes et au bec de fer qui lançaient sur leurs ennemis des traits d'airain. Hercule les tua à coup de flèches.

98

6° Dans la Crète un taureau monstrueux désolait la campagne ; il fut dompté par Hercule.

99

7° Les étables du roi d'Élide, Augias, étaient encombrées par la fange et le fumier. Hercule pour les nettoyer, détourne le fleuve Alphée, qui emporte dans son cours toutes les impuretés des écuries du roi.

100

8° Hercule, aidé de son ami Thésée, combat les Amazones, femmes guerrières, qui avaient à leur tête Hippolyte. Celle-ci ayant été faite prisonnière épousa Thésée.

101

9° Géryon, géant à trois corps, roi de l'île d'Erythie en Gadès (Cadix), nourrissait ses bœufs de la chair de ses sujets. Un chien à deux têtes gardait ses troupeaux. Hercule tua le tyran et son chien.

102

10° Diomède, roi de Thrace, nourrissait ses chevaux de sang humain. Hercule s'empare de lui et le donne en pâture à ses propres coursiers.

103

11° Le jardin des Hespérides, où poussaient des pommes d'or, était gardé par un dragon à sept têtes. Hercule tua le dragon, puis envoya Atlas lui cueillir les fameuses pommes d'or, pendant que lui-même, prenant la place du géant, portait le monde sur ses épaules.

104

12° Hercule descendit deux fois aux enfers. La première, il délivra Thésée, après avoir endormi Cerbère. La seconde fois, voulant récompenser Admète de son hospitalité, il alla chercher dans le royaume de Pluton sa femme Alceste, qui s'était dévouée et était morte pour son mari.

105

Après avoir accompli ces douze travaux et être

ainsi délivré de la tyrannie d'Eurysthée, Hercule continua ses voyages sur la terre. Il prit part à l'expédition des Argonautes et alla jusqu'en Libye (Afrique). Là il rencontra le géant Antée, fils de Neptune et roi d'Irasa. Hercule le combattit ; mais comme le géant reprenait de nouvelles forces en touchant la terre, Hercule le souleva et l'étouffa dans ses bras. Après cette victoire, Hercule s'étendit sur le sable et s'endormit. Un peuple de nains, les Pygmées, profitèrent de ce sommeil pour l'enchaîner. Hercule se débarrassa de ces nouveaux ennemis, comme le dit le tableau.

106

Hercule, arrivé aux limites de l'Europe et de l'Afrique, sépara la terre qui unissait ce pays à l'Espagne et ouvrit ainsi un passage à l'Océan et à la Méditerranée. C'est ce qu'on nomme maintenant le détroit de Gibraltar. Puis, élevant à cet endroit une colonne, il y trace ces mots : Il n'y a plus rien au-delà (*nec plus ultrà*).

107

Déjanire, fille d'Œnée, devait épouser le fleuve Acheloüs. Hercule ayant vaincu celui-ci, enleva Déjanire et voulut la transporter à Tyrinthe (Argolide), une de ses principales résidences. Arrivé sur les bords du fleuve Evénus, qu'il voulait traverser, il confia la jeune femme au centaure Nessus qui la prit sur son dos. Mais au lieu de s'arrêter sur l'autre rive, il continue sa course. Aux cris que jette Déjanire, Hercule comprend que le centaure veut enlever sa compagne; il saisit une de sès flèches empoisonnées par le sang de l'hydre de Lerne et atteint Nessus qui tombe. En mourant il veut se venger, et prenant sa tunique infectée de sang et de venin, il la donne à Déjanire, en lui persuadant que ce vêtement a la propriété de réveiller dans le cœur la tendresse conjugale.

108

V. le tableau 70.

109

Hercule, pour complaire à Omphale, reine de Lydie, prend des habits de femme et tient la quenouille de la reine.

110

Hercule, ayant oublié Déjanire pour Iole, fille d'Eurytus, Déjanire se souvint de la tunique qui lui avait été donnée par le centaure Nessus et l'envoya au héros. A peine en était-il revêtu qu'il sentit un feu dévorant qui le pénétrait, et fut saisi d'une fureur aveugle; il précipite dans la mer le hérault Lichas. Puis, ne pouvant calmer ses douleurs, il dresse lui-même un bûcher sur le mont Œta; il remit à Philoctète, son compagnon, ses flèches redoutables, et lui ordonne de mettre le feu au bûcher qui doit le consumer. Ainsi mourut Hercule. Jupiter appela le héros son fils dans l'Olympe et lui donna pour épouse, Hébé, déesse de la jeunesse.

111

Persée était fils de Jupiter et de Danaé. Acrisius, roi d'Argos, père de cette princesse, ayant appris de l'oracle qu'il périrait par la main de son petit-fils, avait d'abord enfermé Danaé dans une tour d'airain, où Jupiter pénétra sous la forme d'une pluie d'*or;* puis, après la naissance de Persée, il exposa sur la mer, dans une petite barque, Danaé et son fils. Mais Jupiter les protégeait. La nacelle aborda sur les côtes de Sériphe, une des Cyclades, et Danaé et Persée, recueillis par un pêcheur, furent présentés au roi du pays, Polydecte, qui le reçut avec bonté et fit élever Persée avec ses enfants.

112

Les succès de Persée à la cour de Polydecte portèrent ombrage au roi, qui voulut éloigner le jeune héros. Il lui proposa un combat qui devait tenter son courage : il s'agissait de tuer Méduse, une des Gorgones, montres ailés à la chevelure de serpents. Persée, dans cette aventure, fut aidé des dieux : Minerve lui donna son bouclier ; Pluton lui prêta son casque qui rendait invisible; Mercure lui donna ses ailes et une épée de diamant ; il alla d'abord auprès des Grées, sœurs des Gorgones, qui n'avaient entre elles qu'une dent et qu'un œil. Persée déroba cet œil et cette dent, et ne consentit à les rendre que lorsque les Grées lui eurent indiqué la demeure des Gorgones. Il arriva chez ces monstres, qu'il trouva endormis. Ils pétrifiaient les imprudents qui osaient les regarder. Persée avança vers eux à reculons, les voyant dans le bouclier poli de Minerve comme dans un miroir; s'étant approché de Méduse, il lui trancha la tête d'un seul coup. Du sang de Méduse naquit le cheval ailé Pégase, qui alla s'abattre sur l'Hélicon, où il devint le coursier des Muses. Comme les autres Gorgones se réveillaient, Persée s'éleva dans les airs au moyen des ailes de Mercure, emportant la tête de Méduse.

Persée continue ses exploits : il montre au géant Atlas la tête de Méduse et le change en rocher. Arrivé en Ethiopie, il aperçoit une jeune fille attachée à un rocher et près de devenir la proie d'un monstre :

c'est Andromède, fille de Céphée. Il promet de la sauver si l'on veut la lui donner en mariage. Céphée consent et Persée tranche la tête au monstre.

113

Cependant Phinée, oncle d'Andromède, veut s'opposer au mariage de Persée et se précipite dans le palais avec une troupe d'hommes armés pour s'emparer de sa nièce. Mais Persée les pétrifie en leur présentant la tête de Méduse.

De retour à l'île de Sériphe, Persée trouva sa mère Danaé en butte à la tyrannie de Polydecte; il présenta au roi la tête de Méduse et le changea en pierre.

114

Persée, accompagné de sa mère Danaé et de sa femme Andromède, quitta Sériphe pour se rendre au Péloponèse. En passant à Larisse il s'arrêta aux jeux que le roi Teutamias faisait célébrer en l'honneur de son père et prit part aux exercices. Un palet qu'il venait de lancer alla frapper et tuer un vieillard assis parmi les spectateurs; c'était Acrisius lui-même, qui, apprenant le retour de son petit-fils dans le Péloponèse, était venu chercher un refuge à la cour du roi de Larisse. C'est ainsi que s'accomplirent les prédictions des oracles. Persée régna alors à Argos, mais il échangea cette ville contre Tirynthe.

115

Bellérophon, fils de Glaucus, roi d'Ephyre (ancien nom de Corinthe), ayant tué son frère à la chasse, se réfugia chez Prœtus, roi d'Argos, qui le reçut avec bonté. Mais sa femme, Sténobéa, conçut une haine violente pour le fugitif et l'accusa faussement auprès de son mari. Celui-ci, ne voulant pas punir celui qui avait été son hôte, l'envoya en Lydie chez le père de Sténobéa, qui se nommait Jobatès, avec un écrit qu'il disait être une lettre de recommandation, mais dans lequel, en effet, il demandait sa mort (1). Jobatès envoya alors Belléphoron combattre la Chimère, monstre qui avait la tête d'un lion, la queue d'un dragon, le corps d'une chèvre, et dont la gueule vomissait des flammes. Belléphoron, monté sur Pégase, tua le monstre. Jobatès ayant éprouvé Bellérophon par de nouveaux travaux, finit par lui donner en mariage sa seconde fille.

116

Thésée, était fils d'Egée, roi d'Athènes. Il naquit à Trézène. Il fut élevé à la cour de Pitthée, roi de

(1) C'est de là qu'on a nommé *lettre de Belléphoron* un ordre funeste à celui qui le porte.

Trézène, père de sa mère Ethra. Déjà dans son enfance, il montra un grand courage. L'enfant, ayant aperçu la peau du lion d'Hercule, crut que c'était un véritable animal et s'arma pour le combattre. Ce fut là, la source de l'amitié qui lia Thésée à Hercule.

117

Il y avait dans l'île de Crète, un roi qu'on nommait Minos. Il était fils de Jupiter et d'Europe. Il épousa Pasiphaé, fille du Soleil. Ses filles se nommaient Phèdre et Ariane. Il y avait à sa cour un artiste Athénien très habile, qu'on nommait Dédale, qui construisit d'après les ordres du roi un vaste labyrinthe. Dédale ayant mécontenté Minos, celui-ci le fit enfermer avec son fils Icare dans le labyrinthe même dont il était l'architecte; Dédale, après être resté quelque temps captif, imagina un moyen de recouvrer la liberté. Il fabriqua avec des plumes et de la cire des ailes pour lui et pour son fils, et tous deux s'élancèrent dans les airs. Mais le jeune Icare, malgré les recommandations paternelles, s'approcha trop du soleil La cire qui tenait les ailes aux épaules fondit, et le malheureux jeune homme tomba dans cette partie de la mer Egée, qui prit depuis le nom de mer Icarienne.

118

Athènes était depuis longtemps soumise à un tribut honteux. Androgée, le fils de Minos, ayant été tué par les Athéniens, le roi de Crète exigea que tous les ans, on apportât d'Athènes six jeunes garçons et six jeunes filles que le Minotaure dévorait. Le Minotaure était un monstre moitié homme, moitié taureau, enfermé dans le Labyrinthe. Thesée, fils d'Egée, roi d'Athènes, résolut de délivrer son pays d'un impôt aussi barbare. Il arriva en Crète et pénétra dans le Labyrinthe à l'aide d'un peloton de fil qu'Ariane, fille de Minos, lui avait donné afin qu'il pût conduire ses pas dans les nombreux détours de la demeure du monstre. Thésée tua le Minotaure, et retrouva sa route, grâce au fil d'Ariane. Mais il ne se montra pas reconnaissant ; car lors de son retour de Grèce, ayant emmené avec lui sa libératrice, il la délaissa dans l'île de Naxos.

119

Thésée en partant pour la Crète, était convenu avec son père Egée que s'il revenait vainqueur, il changerait ses voiles qui étaient noires à son départ en voiles blanches, mais dans la joie du triomphe, il oublia cette substitution et son père, qui l'attendait sur le rivage, croyant que son fils était mort, se précipita dans la mer qui s'appella depuis mer Egée.

120

Thésée eut pour ami Pirithoüs, roi des Lapithes, peuple de la Thessalie et célèbres cavaliers. Ils combattirent souvent ensemble. Une fois entre autres le courage de Thésée fut très utile à ses amis. Pirithoüs ayant épousé la belle Hippodamie, les peuples voisins furent invités aux noces, et parmi eux les Centaures, peuple de la Thessalie, monstres demi-hommes et demi-chevaux. Mais la fête fut troublée; Eurytus, le plus brutal des Centaures voulut enlever la belle Hippodamie. Aussitôt Pirithoüs et Thésée, unissant leurs efforts, les Centaures furent presque tous tués.

121

Ulysse, revenant de la guerre de Troie, erra sur les mers pendant dix années. Les aventures qui lui arrivèrent sont intéressantes à connaître; elles ont été racontées admirablement par le poète grec Homère, dans son *Odyssée*. Le tableau présente un des épisodes du voyage d'Ulysse. Ulysse fut jeté par une tempête sur les côtes de la Sicile habitée par les Cyclopes. Le plus terrible de ces géants, Polyphème, dévora plusieurs des compagnons d'Ulysse. Les autres furent épargnés grâce à l'adresse de leur chef. En effet, Ulysse ayant enivré Polyphème, lui creva son œil unique, et lui et ses compagnons, s'étant cramponnés sous le ventre des béliers, ils sortirent de la caverne du géant sans qu'il s'aperçût de leur fuite.

122

Parmi les héros grecs qui combattirent au siége de Troie, le plus intrépide fut Achille. Il était fils de Pélée et de Thétis. Sa mère pour le rendre invulnérable l'avait plongé dans les eaux du Styx.

123

Œdipe, fils de Laïus, roi de Thèbes, et de Jocaste, fut le seul qui pût deviner l'énigme qu'un monstre, nommé le Sphinx, posait aux voyageurs qui devenaient sa proie. L'énigme était proposée en ces termes : Quel est l'animal qui a le matin quatre pieds, deux à midi, et trois le soir ? Œdipe répondit que c'était l'homme, et le Sphinx fut vaincu.

124

Jason, chef des Argonautes, aidé de Médée, fille d'Ætes, roi de Colchide, s'empara de la fameuse toison d'or.

PRINCIPALES STATUES

des jardins

DES TUILERIES ET DE VERSAILLES

JARDIN DES TUILERIES

1. (V. le tableau 63).
2. (V. le tableau *id.*).
3. (V. le tableau *id.*).
4. (V. le tableau 65).
5. (V. le tableau 63).
6. (V. le tableau 91).

7. Méléagre, fils d'Œnée, roi de Calydon, se mit à la tête d'une troupe de chasseurs et de chasseresses et tua un sanglier, que Diane, irritée qu'on ait négligé son culte, avait suscité contre Œnée. Il coupa la hure du monstre et l'offrit à Atalante qui avait suivi la chasse. Mais les oncles maternels de Méléagre, jaloux de voir une femme arcadienne remporter les honneurs de la chasse, insultèrent Atalante. Méléagre furieux les tua. Althéa, mère de Méléagre et sœur des princes qui venaient de succomber, jura de les venger. Au moment de la naissance de Méléagre, Althéa avait vu apparaître près du foyer les trois Parques qui, jetant au feu un morceau de bois allumé, s'étaient écrié : La vie de cet enfant finira avec

ce tison. Althéa s'était jetée sur ce tison, l'avait éteint et caché avec soin. Lors de la mort de ses frères, elle se souvint des paroles des Parques, et prenant le tison fatal, elle le jeta au feu ; il se consuma peu à peu et avec lui périt Méléagre.

8. (V. le tableau 118).

9. (V. le tableau 2).

10. Phaéthuse est une des Héliades. Les Héliades étaient sœurs de Phaéton, filles d'Hélios ou le Soleil. Après la mort de leur frère elles furent changées en peupliers. On en compte ordinairement sept : Phaéthuse, Lampétie, Phœbé ou Eglé, Misope, Hélia, Œtheria, Dioxippe.

11. (V. le tableau 112).

12. Borée, vent du nord et qui faisait son séjour ordinaire en Thrace, demanda en mariage la fille d'Erechthée, roi d'Athènes, qui se nommait Orythyie. Mais le père craignant pour elle le climat de la Thrace, refusa. Borée alors l'enleva pendant qu'elle traversait l'Ilyssus et la transporta dans son royaume.

13. Il y avait à la cour du roi de Scyros Schénée un grand nombre de prétendants à la main d'Atalante, sa fille. Celle-ci, passionnée pour la chasse, déclara à son père qu'elle n'épouserait que celui qui pourrait la vaincre à la course. Déjà beaucoup de jeunes gens avaient échoué, lorsque se présenta Hippomène, favorisé par Vénus. La déesse lui donna trois pommes

d'or, cueillies dans le jardin des Hespérides, et lui recommanda l'emploi qu'il devait en faire. Au signal donné, Hippomène s'élance le premier et laisse tomber de distance en distance ses trois pommes. Atalante les ramasse ; elle est dépassée par Hippomène qui arrive au but le premier et devient l'époux de la jeune princesse.

14. (V. le tableau 120).

15. L'étolienne Léda eut deux maris ; le premier, Jupiter, fut père de Pollux et le second, Tyndare, fut père de Castor. Les deux frères Castor et Pollux s'aimaient tendrement ; ils suivirent tous deux Jason en Colchide. Castor excellait à dompter les chevaux ; Pollux était habile au combat du ceste, aussi le regardait-on comme le dieu des athlètes. Castor étant mort près du mont Taygète dans un combat, Pollux demanda á Jupiter de rendre la vie à son frère ou de le priver lui-même de l'immortalité. Jupiter ne pouvant exaucer entièrement sa prière, consentit que Pollux habitât le séjour des morts tout le temps que Castor passerait sur la terre. Castor et Pollux furent adorés comme dieux ; on les appela les Dioscures, c'est-à-dire fils de Jupiter.

16. L'Été.

17. Le Printemps.

18. L'Automne.

19. L'Hiver.

20. (V. le tableau 58).
21. (V. le tableau 63).
22. (V. le tableau 58).
23. (V. le tableau 25).
24. (V. le tableau 24).
25. (V. le tableau 47).

PARC DE VERSAILLES

1. (V. le tableau 58).
2. (V. le tableau 22, 25 et suiv.).
3. Antinoüs, jeune homme de Bithynie, remarquable par sa beauté, aimé de l'empereur Adrien. Cet empereur fit rebâtir en son honneur la ville de Bésa, autrefois célèbre par son oracle, et la nomma Antinopolis.
4. (V. le tableau 58).
5. L'Eau.
6. Le Printemps.
7. Le Point du Jour.
8. (V. le tableau 25).
9. Le Feu.
10. (V. le tableau 48).
11. (V. ci-dessus n° 3).
12. (V. le tableau 47).
13. (V. le tableau 25).
14. (V. le tableau 51).
15. (V. le tableau 38).

16. Faustine, femme d'Antonin-le-Pieux, déshonora le trône impérial par son inconduite. Après sa mort on lui éleva pourtant des autels.

17. (V. le tableau 91).

18. Ganymède, fils de Tros, qui donna le nom à Troie, était si remarquable par sa beauté et sa vertu, que Jupiter voulut qu'il habitât l'Olympe. Il se changea en aigle, fondit sur le mont Ida, où Ganymède se retirait souvent pour méditer, et le transporta à la table des dieux; il devint l'échanson de Jupiter.

19. Lorsque les Grecs feignirent de fuir et laissèrent sur le rivage le gigantesque cheval de bois, Laocoon, grand-prêtre de Neptune, s'oppose à ce qu'on reçoive ce présent des Grecs. Tout à coup deux serpents, venus de l'île de Ténédos, sortent de la mer et s'élancent sur Laocoon et sur ses deux fils, qu'ils entourent et étouffent. Cet événement décide le peuple, et l'on introduit dans la ville le cheval de bois laissé par les Grecs.

20. La Fourberie.

21. (V. le tableau 20).

22. (V. le tableau 32).

23. Artémise II, femme de Mausole, roi de Carie, fut si désolée de la mort de son mari qu'elle avala ses cendres. Elle lui fit élever à Halicarnasse un tombeau magnifique. C'est de là qu'est venu le nom de *Mausolée* donné à un beau monument funèbre.

24. (V. le tableau 31).

25. La Fidélité.

26. (V. le tableau 63).

27. Virgile, poète latin, raconte dans un beau poème qu'on nomme *l'Enéïde,* que le héros troyen Enée aborda en Afrique, à Carthage, et qu'il épousa Didon. Mais bientôt, obligé de continuer son voyage vers l'Italie pour obéir aux dieux, il délaissa Didon. Celle-ci, dans sa douleur, fit élever un bûcher sur le rivage, et, y étant montée, se perça d'un poignard.

28. Les Amazones étaient, selon la fable, des femmes guerrières. Sur les rives du Thermodon, près le Pont-Euxin, dans la Cappadoce, elles formaient un état dont la capitale était Thémiscyre.

Près de leurs frontières était un peuple appelé les Gargaréens, avec lequel elles communiquaient quelquefois.

29. Achille, fils de Pélée, roi des Myrmidons, en Phthiotide. Sa mère Thétis ayant su qu'il devait périr au siége de Troie, l'envoya, déguisé en femme sous le nom de Pyrrha, à la cour de Lycomède, dans l'île de Scyros. Mais Troie ne pouvant être pris sans Achille, Ulysse, travesti en marchand, se rendit chez Lycomède. Il étala devant les femmes de la cour des bijoux, parmi lesquels il avait mis une épée. Achille s'en étant emparé se trahit et ne put refuser de suivre Ulysse au siége de Troie.

30. Athamas, roi de Thèbes, avait épousé en premières noces Néphélé, qui lui donna deux enfants, Phryxus et Hellé. Néphélé étant morte, il épousa Ino, fille de Cadmus. Celle-ci se montra si cruelle envers Phryxus et Hellé, qu'ils furent forcés de s'exiler. (V. le tableau 41) Après leur départ, Ino se crut heureuse et toute puissante. Mais Junon, qui détestait la famille de Cadmus depuis que Jupiter avait enlevé Europe, avait juré sa perte. Elle ordonna à Tisiphone, l'une des Furies, de jeter le trouble dans le palais d'Athamas. En effet, Athamas, saisi d'une fureur soudaine, poursuit Ino, qu'il prend pour une bête féroce. Ino effrayée, presque folle, s'enfuit, entraînant son fils Mélicerte; elle traverse les campagnes, arrive au bord de la mer, et gravissant un rocher, elle se précipite dans les flots. Neptune fit de ces deux victimes deux divinités marines : Ino sous le nom de Leucothoé, et Mélicerte sous celui de Palémon.

31. (V. le tableau 23).

32. (V. les tableaux 25, 26 et suiv.).

33. (V. le tableau 2).

34. (V. le tableau 65).

35. (V. le tableau 70).

36. (V. le tableau 25).

37. (V. le tableau 54).

FIN

VERSAILLES. — IMPRIMERIE CERF, RUE DU PLESSIS, 59.

LIBRAIRIE DE C. [illegible]

OUVRAGES DE M. [illegible]

HISTOIRE

Nouveaux éléments d'Histoire générale, rédigés sur un plan méthodique et entièrement [illegible], ouvrage propre à faciliter l'enseignement et l'étude des principaux événements depuis la Création jusqu'à nos jours. 1 vol. gr. in-18. [illegible]

Esquisses historiques, ou Cours méthodique d'histoire, composé sur un plan nouveau. 1 vol. gr. in-18. [illegible]

Manuel historique des peuples anciens et modernes, à l'usage de l'enseignement primaire, élémentaire et secondaire. 1 vol. gr. in-18. 1 20

Tableau synoptique de l'échelle des peuples, d'après le MANUEL HISTORIQUE. 1 50

Recueil de tableaux historiques, 13 tableaux (chaque tableau 40 c.) petit in-folio. 5 [illegible]

Énigmes historiques, ou petit Musée Classique. 1 vol. gr. in-18. 1 70

Histoire universelle. Explication des Énigmes historiques, p. Mlle Gombault. 1 v. gr. in-18. 2 50

Histoire classique des reines de France, édition illustrée, gr. in-18. 3 »

Abrégé méthodique de l'histoire de France, rédigé d'après les leçons et la méthode de M. Lévi, par Melle Gombault; nouvelle édition, revue et considérablement augmentée par M. Lévi. 1 vol. gr. in-18. 1 50

Questionnaire d'Histoire de France. » 50

GÉOGRAPHIE

Abrégé méthodique de géographie générale, ou études géographiques. 1 vol. gr. in-18. 3 »

Le Tour du Monde, ou Premières études géographiques par voyages, gr. in-18. 1 70

Tableau géographique de la France. Une grande feuille. » 30

Questionnaire géographique. » 50

OUVRAGES DE M. THÉODORE LÉVI [illegible]

Les premières notions sur toutes choses, recueil de causeries avec les enfants sur l'histoire naturelle, l'industrie, la cosmographie, la [illegible], gr. in-18. 1 10

Les Entretiens de l'enfance, ou Simples réponses aux questions des petits enfants sur les animaux, les plantes, les arts et mét. g. in-18. » 85

Les premières leçons de Grammaire, renfermant: 1° la théorie grammaticale mise à la portée des enfants; 2° des observations servant à éclairer et à développer le texte; 3° un questionnaire complet; 4° des exercices gradués et de nombreux exemples aidant à l'application des principes; gr. in-18. 1 20

Grammaire des petits enfants, in-18. » 25

[illegible]

L'Éducation maternelle, journal mensuel d'instruction [illegible] jeunesse, aux institutrices; suivi d'un bulletin spécial de l'institut[illegible] LA MÈRE INSTITUTRICE, PLAISIR ET TRAVAIL, sous la direction de [illegible] Par an. [illegible]

Paris. — Impr. PILLET fils aîné, rue des Grands-[illegible]

www.ingramcontent.com/pod-product-compliance
Ingram Content Group UK Ltd.
Pitfield, Milton Keynes, MK11 3LW, UK
UKHW031051260726
13965UKWH00006B/1344